PONS

Mini-Sprachenrätsel
ITALIENISCH

von
Anna Bristot

PONS GmbH
Stuttgart

PONS
Mini-Sprachenrätsel
ITALIENISCH

150 x Rätselspaß

von
Anna Bristot

Auflage A1 5 4 3 2 1 / 2013 2012 2011

Produktinfos und Online-Shop: www.pons.de
E-Mail: info@pons.de
Online-Wörterbuch und Online-Bildwörterbuch: www.pons.eu

Redaktion: Verena Rube
Logoentwurf: Erwin Poell, Heidelberg
Logoüberarbeitung: Sabine Redlin, Ludwigsburg
Einbandgestaltung: Petra Schnur, Tanja Haller, Stuttgart
Titelfoto: Kreuzworträtsel: iStockphoto, Lilly Day / Frau mit Fragezeichen
Vlado Golub, Stuttgart
Layout: one pm, Petra Michel, Stuttgart
Satz: Digraf.pl - dtp services
Druck und Bindung: Gmähle-Scheel Print-Medien GmbH,
Kriegsbergstraße 14, 71336 Waiblingen-Hohenacker

Printed in Germany.
ISBN: 978-3-12-561825-1

Lösung

1. buongiorno
2. benvenuto

Wenn Sie als Gast das Zuhause eines Italieners betreten, sagen Sie an der Türschwelle am besten immer **Permesso?** *Ist es gestattet?*. Damit hinterlassen Sie einen ungemein authentischen und höflichen Eindruck.
Das weiß man in Italien sehr zu schätzen, weil man Fremden mit sehr viel Höflichkeit begegnet. Ein Italiener würde z. B. zu einem Unbekannten nicht **ciao** sagen, was damit gleichkommt, dass man ihn duzt, sondern immer **buongiorno** oder **buonasera** zur Begrüßung und **arrivederci** beim Abschied.

1. Rebus

c = b
r = n
~~e~~

f = g
~~e~~

s = n
~~l~~ ~~e~~

2. Rebus

~~t~~
r = b
~~o~~

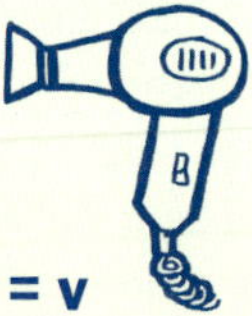

f = v
o = e

~~m~~
o = u

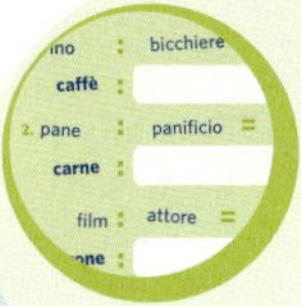

Logisch?

Finden Sie die entsprechende Kategorie zum jeweiligen Beispiel.

Rebus

Wie heißen die Abbildungen auf Italienisch? Ersetzen oder streichen Sie die Buchstaben wie angegeben und fertig ist die Lösung.

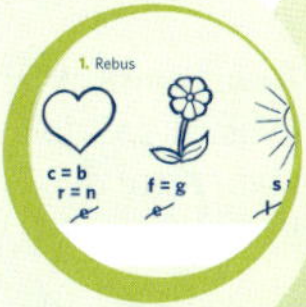

Sil-ben-rät-sel

Fügen Sie die Silben zu passenden Wörtern zusammen.

Was fehlt?

Vervollständigen Sie die fehlenden Wörter.

Wortpaare

Ordnen Sie die passenden Wörter einander zu. Es handelt sich jeweils um die Gegenteile.

RÄTSEL SPEZIAL: Wortwirbel

Bilden Sie möglichst viele Wörter aus den Buchstaben. Akzente dürfen beliebig benutzt werden. Einzige Einschränkung dabei: der markierte Buchstabe in der Mitte muss in jedem Wort enthalten sein.

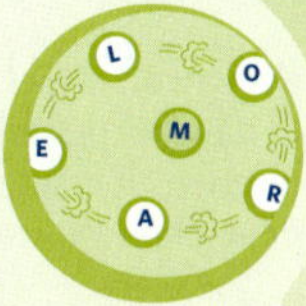

SO GEHT DAS!

Anagramm mit Wortgitter

Bringen Sie die Buchstaben im Gitter in die richtige Reihenfolge und Sie haben die Lösung.

Anagramm „Visitenkarte"

Was ist das denn? Bringen Sie die Buchstaben auf der „Visitenkarte" in die richtige Reihenfolge und voilà: die Lösung.

Buchstabengitter

Wo stecken die bloß? Finden Sie im Buchstabengitter die versteckten Wörter zu einem bestimmten Thema.

Eines passt nicht!

Finden Sie das schwarze Schaf! Eines der vier Wörter in der Reihe passt logisch nicht zu den drei anderen.

Eines passt ausgesprochen schlecht!

Finden Sie den Gegenstand, dessen Aussprache nicht in die Reihe passt. Sprechen Sie dazu am besten jedes Wort **laut** auf Italienisch aus!

Kreuzworträtsel

In italiano, per favore! Tragen Sie die italienischen Übersetzungen der vorgegebenen deutschen Wörter in die Kästchen ein.

WORTWIRBEL

Roma, Elmo

Gibt es das Wort wirklich? Schauen Sie nach unter **www.pons.eu**!

Lösung

Mögliche Lösungen:
amore, mora, mela, ramo, male, ...

Tutte le strade portano a Roma. *Alle Wege führen nach Rom.* In Verbindung mit Städten verwenden Sie die Präposition **a** – ganz gleich, ob Sie dort sind oder dorthin fahren:
Sono / Vado a Roma.
Wenn Sie ausdrücken möchten, aus welcher Stadt Sie stammen, nehmen Sie die Präposition **di** in Verbindung mit **essere**:
Sono di Pordenone.

?

grande

bello

vero

freddo

moderno

facile

antico

falso

caldo

piccolo

difficile

brutto

Lösung

grande	—	piccolo
bello	—	brutto
vero	—	falso
freddo	—	caldo
moderno	—	antico
facile	—	difficile

Die italienische Sprache bietet viele Möglichkeiten, den Superlativ auszudrücken. Wenn es z. B. sehr kalt ist, können Sie sagen:
Fa molto freddo oder **Fa freddissimo.**
Oder Sie verdoppeln das Adjektiv einfach: **Fa freddo freddo.**
Und wenn eine Übung besonders einfach ist:
Questo esercizio è facile facile.

NATIONEN

ger ma ghil gna

in

fran aus ni ze

ra a ter ra sviz

spa cia tri a

1.

2.

3.

4.

5.

6.

Lösung

Germania
Inghilterra
Svizzera
Spagna
Francia
Austria

Während Sie in Verbindung mit Städten die Präposition **a** verwenden, so brauchen Sie in Verbindung mit Ländern die Präposition **in**:
essere / andare in Italia *in Italien sein / nach Italien fahren.*
Ein beliebtes Sprichwort hingegen verzichtet auf jegliche Präpositionen:
Paese che vai, usanze che trovi. *Andere Länder, andere Sitten.*

B	P	O	L	A	C	C	O	S
C	R	T	Q	T	V	B	L	V
I	N	G	L	E	S	E	A	E
N	C	A	Z	D	L	L	N	D
T	P	U	E	E	O	G	D	E
U	R	U	S	S	O	A	E	S
G	R	L	I	C	S	G	S	E
G	R	E	C	O	H	S	E	H
S	P	A	G	N	O	L	O	R

Lösung

B	**P**	**O**	**L**	**A**	**C**	**C**	**O**	**S**
C	R	T	Q	**T**	V	**B**	**L**	**V**
I	**N**	**G**	**L**	**E**	**S**	**E**	**A**	**E**
N	C	A	Z	**D**	L	**L**	**N**	**D**
T	P	U	E	**E**	O	**G**	**D**	**E**
U	**R**	**U**	**S**	**S**	**O**	**A**	**E**	**S**
G	R	L	I	**C**	S	G	**S**	**E**
G	**R**	**E**	**C**	**O**	H	S	**E**	H
S	**P**	**A**	**G**	**N**	**O**	**L**	**O**	R

Das war doch nicht schwierig, oder? Haben Sie alle neun Nationalitäten gefunden? Übrigens bezeichnen diese Ausdrücke im Italienischen nicht nur Nationalitäten, sondern auch die Sprachen dieser Nationen:

Paolo è italiano.

Paolo parla l'italiano, l'inglese e lo spagnolo.

Außerdem gut zu wissen:
Das italienische Wort **lingua** bedeutet zum einen *Sprache* und zum anderen *Zunge!*

1. Eines passt **ausgesprochen** schlecht!

2. Eines passt **ausgesprochen** schlecht!

Lösung

1. **gelato** fällt aus der Reihe, weil es im Gegensatz zu den anderen einen stimmhaften dsch-Laut enthält.
2. **gatto** fällt aus der Reihe, weil das **g** hier nicht wie bei den anderen Wörtern als stimmhafter dsch-Laut gesprochen wird.

Vor **a**, **o** und **u** wird das **g** gesprochen wie im Deutschen. Vor **e** und **i** jedoch wird es weich ausgesprochen. In diesem Fall entspricht es einer Lautkombination, die es im Deutschen nicht gibt: **d + stimmhaftes sch**, ungefähr so wie in engl. *jogging*.

g wird vor **e** und **i** nur dann wie ein deutsches **g** ausgesprochen, wenn dazwischen ein **h** eingefügt ist.

Wenn **gi** vor **a**, **o** oder **u** steht (**gia**, **gio**, **giu**), dann wird das **i** nicht ausgesprochen. Das zeigt uns nur, dass das **g** dann weich ausgesprochen werden soll.

?

1. Che lavoro fa il signor Antenne?

Sig. Antenne

2. Che lavoro fa il signor Goto?

F. Afro Goto

3. Che lavoro fa la signora Terea?

Sig. ra Terea

Lösung

1. insegnante
2. fotografo
3. segretaria

Bei Berufsbezeichnungen, die auf **-ante** oder **-ista** enden, lauten die männliche und weibliche Form gleich:
l'insegnante
il/la dentista
il/la farmacista
il/la cantante
Es gibt im Italienischen für manche Berufe nur einen männlichen Ausdruck, z. B. **il medico**, **l'ingegnere**, **l'architetto**, der auch für Frauen verwendet wird.

→

3. Wein
4. Brötchen
6. Bier
7. Glas
8. Kellner

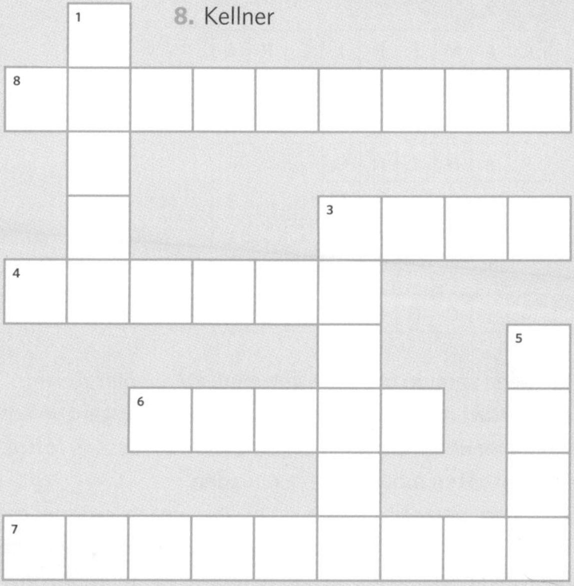

↓

1. Tasse
3. Ich möchte
5. Trinken

Lösung

	1 T							
8 C	A	M	E	R	I	E	R	E
	Z							
	Z				3 V	I	N	O
4 P	A	N	I	N	O			
					R			5 B
		6 B	I	R	R	A		E
					E			R
7 B	I	C	C	H	I	E	R	E

In Italien zahlt man selten getrennt, wenn man zusammen essen oder auf einen Sprung in eine Bar geht. Wenn ein Italiener am Ende eines gemeinsamen Essens „**offro io**" sagt, dann möchte er Sie einladen.

Vor allem unter Studenten ist es aber üblich, dass jeder bezahlt, was er bestellt hat. Und schließlich gibt es noch die Möglichkeit, dass die Rechnung im Restaurant von einer Person übernommen und der Betrag dann untereinander zu gleichen Teilen aufgeteilt wird. Es hat sich eingebürgert, dass die beiden letzteren Bezahlweisen **fare alla romana** genannt werden.

?

1. Ciao Giulia, che cosa prendi?

I	T	V
I	P	O
R	E	A

Prendo l' ______ della casa.

2. E tu Marco che cosa prendi da bere?

I	A	A
A	R	T
C	N	A

Io invece prendo un' ______

3. Aspetta. Vai alla cassa?

S	I	R
N	C	O
O	T	N

Devo fare lo ______

Lösung

1. Prendo l'aperitivo della casa.
2. Io invece prendo un'aranciata.
3. Sì. Devo fare lo scontrino.

Der aus Venetien stammende **Spritz** zählt in Italien zu den beliebtesten **Aperitifs**. Als aperitivo wird übrigens nicht nur das Getränk selbst bezeichnet, sondern auch die Gewohnheit, sich gegen Abend mit Freunden in einer Bar zu treffen. Durch die große Auswahl an Appetithäppchen, die man zu einem **aperitivo** bekommt, hat sich dieser Feierabend-Treff gerade unter jungen Leuten zu einer Art **cena veloce** *Imbiss am Abend* entwickelt.

Spritz

1/3 di vino bianco
1/3 di acqua minerale frizzante
1/3 Bitter Campari o Aperol
1/2 fettina di limone o d'arancia

?

domanda • falso

presto • cattivo

giusto • tardi

buono • risposta

vero • male

bene • sbagliato

Lösung

domanda	—	risposta
presto	—	tardi
giusto	—	sbagliato
buono	—	cattivo
vero	—	falso
bene	—	male

Verwechseln Sie nicht **buono** und **bene**, denn beides heißt auf Deutsch *gut*.

Buono ist ein Adjektiv und bestimmt ein Nomen näher:

Questo tiramisù è molto buono. (*gut im Sinne von gut schmeckend*)

Sei stato buono oggi? (*gut im Sinne von lieb, brav*)

Bene ist hingegen ein Adverb und bestimmt das vorangegangene Verb näher:

Luca gioca bene a calcio.

1. Eines passt **ausgesprochen** schlecht!

2. Eines passt **ausgesprochen** schlecht!

Lösung

1. **cioccolata** fällt aus der Reihe, da es hier als einziges Wort einen tsch-Laut enthält.
2. **bicicletta** fällt aus der Reihe, weil es hier als einziges Wort einen tsch-Laut enthält.

Vor **a**, **o** und **u** wird das **c** hart gesprochen, wie das **k** in ***K**ante*. Vor **e** und **i** spricht man das **c** wie das **tsch** in *Ru**tsch***.
Das **c** kann vor **e** und **i** aber auch hart ausgesprochen werden. Dazu wird in der Schrift ein **h** dazwischen eingefügt.
Wenn **ci** vor **a**, **o** oder **u** steht (**cia**, **cio**, **ciu**), dann wird das **i** nicht ausgesprochen. Das zeigt uns nur, dass das **c** dann weich ausgesprochen werden soll.

BERUFE RATEN

→

4. Verkehrspolizist
5. Zeitungskiosk
6. Verkäuferin

↓

1. Bäckerei
2. Arzt
3. Taxifahrer

Lösung

		1 P		2 M				
		A		E				3 T
		N		D				A
	4 V	I	G	I	L	E		S
		F		C				S
5 E	D	I	C	O	L	A		I
		C						S
		I						T
	6 C	O	M	M	E	S	S	A

Wer einen Apfel am Tag isst, tut seiner Gesundheit bekanntlich Gutes:
Una mela al giorno, toglie il medico di torno.
Gehen Sie also nicht nur **dal panettiere** *zum Bäcker* und **dal macellaio** *zum Metzger*, sondern auch **dal fruttivendolo** *zum Obst- und Gemüsehändler*. Dadurch könnte Ihnen der Weg **dal medico** *zum Arzt* erspart bleiben.

?

ri li gior fu to

vis no fran met

lo ta di

na le ac to co

bol cen car na

1. ______________________________

2. ______________________________

3. ______________________________

4. ______________________________

5. ______________________________

6. ______________________________

Lösung

rivista
giornale
fumetto
francobollo
accendino
cartolina

Wissen Sie, warum Comics auf Italienisch **fumetti** heißen?
Das Wort **fumetto** stammt von **fumo** *Rauch* und wurde übernommen, weil die Sprechblasen in Comics wie kleine Rauchwolken aussehen.

EINES PASST NICHT!

1.	luglio	estate	marzo	ottobre
2.	spumante	spremuta	prosecco	grappa
3.	ufficio	banca	casa	impiegato
4.	mattina	sera	cielo	notte
5.	banana	cono	mela	pera

Lösung

1. luglio ~~estate~~ marzo ottobre
2. spumante ~~spremuta~~ prosecco grappa
3. ufficio banca casa ~~impiegato~~
4. mattina sera ~~cielo~~ notte
5. banana ~~cono~~ mela pera

Der März ist ein bisschen verrückt und weiß nicht, was er will; im April wird man leicht schläfrig und man darf sich nicht zu schnell der Winterkleidung entledigen; auch im Mai sollte man mit dem Sommerkleidung tragen noch etwas warten. Der Regen im August dann bringt dem Wald die nötige Kühlung ... Das behaupten zumindest diese italienischen Redensarten:

Marzo pazzerello, esce il sole e apri l'ombrello.
Aprile dolce dormire.
Aprile non ti scoprire.
Maggio vai adagio.
La pioggia d'agosto rinfresca il bosco.

G	I	N	V	E	R	N	O	Q
E	F	L	M	A	R	Z	O	P
N	L	H	T	Z	U	O	T	A
N	U	D	G	R	S	A	T	P
A	G	O	S	T	O	Q	O	R
I	L	P	G	U	U	B	B	I
O	I	S	D	V	Z	O	R	L
R	O	E	S	T	A	T	E	E
M	A	G	G	I	O	P	L	N

1. Che mesi mancano?

2. Che stagioni mancano?

Lösung

G	**I**	**N**	**V**	**E**	**R**	**N**	**O**	Q
E	F	L	**M**	**A**	**R**	**Z**	**O**	P
N	**L**	H	T	Z	U	O	**T**	**A**
N	**U**	D	G	R	S	A	**T**	**P**
A	**G**	**O**	**S**	**T**	**O**	Q	**O**	**R**
I	**L**	P	G	U	U	B	**B**	**I**
O	**I**	S	D	V	Z	O	**R**	**L**
R	**O**	**E**	**S**	**T**	**A**	**T**	**E**	**E**
M	**A**	**G**	**G**	**I**	**O**	P	L	N

1. Febbraio, giugno, settembre, novembre, dicembre
2. Primavera, autunno

Lernen Sie diesen Spruch auswendig! So üben Sie die Zahlen über 20 (Wissen Sie noch? Vor **otto** und **uno** fällt der Endvokal weg!) und vergessen nicht mehr, welche Monate 30 bzw. 31 Tage haben:

Trenta giorni ha novembre
con aprile, giugno e settembre,
di ventotto ce n'è uno,
tutti gli altri ne han trentuno.

1. Rebus

g = c
l = n
~~a~~

p = v
a = e
~~e~~

v = t
~~n~~ ~~o~~

s = n
l = v

2. Rebus

a = i
e = q

c = u
r = n
~~o~~

g = s
a = e
o = e

Lösung

1. centoventinove
2. cinquantasette

Wenn jemand etwas **in quattro e quattr'otto** hinbekommt, dann klingt das vielleicht kompliziert, bedeutet aber, dass es im Handumdrehen gelingt.
Gerade die Zahlen **quattro** und **due** kommen oft in Redewendungen vor und bezeichnen eine geringe Menge: mit **quattro gatti** wird eine Handvoll Leute bezeichnet und **fare due passi** sagt man, wenn man einen kleinen Spaziergang macht.

LOGISCH?

1. vino : bicchiere =
caffè :

2. pane : panificio =
carne :

3. film : attore =
canzone :

4. libro : leggere =
televisione :

5. treno : binario =
macchina :

Lösung

1. tazza
2. macelleria
3. cantante
4. guardare
5. strada

Die Italiener lieben ihn, ihren **caffè**. Dass es sich hierbei um einen Espresso handelt, ist für sie selbstverständlich und muss nicht extra erwähnt werden. Ob **macchiato**, **corretto**, **ristretto**, **lungo**, **doppio**, **americano** oder **marocchino** (mit Kakao und Schokolade), **in tazzina**, in der klassischen Espressotasse, oder **al vetro** *im Glas*: **C'è l'imbarazzo della scelta** *Da hat man die Qual der Wahl*.

1. Che bella giornata! Dove ci sediamo dentro o f○○○i?
2. Sei qui in vacanza o per l○○○○o?
3. Questa zona non è rumorosa. È molto t○○○○○○○○a.
4. La mostra è molto interessante. Non è per niente n○○○○a.
5. L'albergo non è in periferia. È vicino al c○○○○o.

Lösung

1. fuori
2. lavoro
3. tranquilla
4. noiosa
5. centro

Fuori bedeutet *draußen*: **mangiamo dentro o fuori?** heißt *Essen wir drinnen oder draußen?*
Wenn Sie aber jemand fragt:
Andiamo a cena fuori stasera? möchte er nicht zu Hause auf der Terrasse beispielsweise, sondern auswärts zu Abend essen.

Lernen Sie diese nützlichen Ortsangaben.

vicino al centro	in der Nähe des Zentrums
accanto all'edicola	neben dem Kiosk
di fronte alla banca	gegenüber der Bank
davanti al bar	vor der Bar
lontano dal centro	fern vom Zentrum

WORTWIRBEL

fuori,

Gibt es das Wort wirklich? Schauen Sie nach unter **www.pons.eu**!

Lösung

Mögliche Lösungen:
suoi, fori, riso,
fuso, ufo, ...

Essere fuori moda bedeutet, dass etwas altmodisch ist. Möchte man ausdrücken, dass etwas *angesagt, modisch* ist, dann passt die Formulierung: **va di moda**.
Quest'anno va di moda il blu. *Dieses Jahr ist blau in Mode.*

Und wenn Sie ein richtiger Trendsetter sind, dann kleiden Sie sich am besten **all'ultima moda**, also *topmodisch, nach dem letzten Schrei*.

Cesare segue sempre la moda. *Cesare geht immer mit der Mode.*

STÄDTEREISE

→

1. Schloss
3. Museum
5. Geschäfte
6. Bahnhof
7. Haltestelle

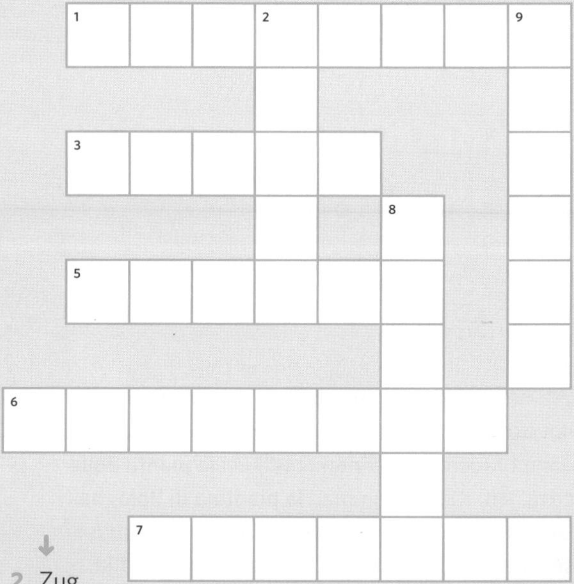

↓

2. Zug
8. Plan
9. Fahrplan

Lösung

	1 C	A	S	2 T	E	L	L	9 O
				R				R
	3 M	U	S	E	O			A
				N		8 P		R
	5 N	E	G	4 O	Z	I		I
						A		O
6 S	T	A	Z	I	O	N	E	
						T		
		7 F	E	R	M	A	T	A

Wenn Sie in Italien sind und viel vorhaben, Museen, Ausstellungen und Plätze besichtigen wollen, dann brauchen Sie einen *Stadtplan* **la pianta della città**. Am Kiosk kann man **la piantina di Bologna** kaufen und wenn Sie dabei *Schlange stehen* müssen, dann sagt man dazu **fare la fila** (wobei **fila** wörtlich *Reihe* bedeutet).

Devo comprare la piantina di Bologna, ma c'è tanta gente e devo fare la fila.

L	P	U	V	S	S	R	A
V	I	G	I	L	E	P	H
I	A	F	A	E	M	E	Z
A	Z	S	T	R	A	D	A
L	Z	U	O	G	F	O	D
E	A	M	O	T	O	N	U
S	C	O	D	A	R	I	C
A	C	O	R	S	O	N	G

Lösung

L	P	U	V	S	S	R	A
V	I	G	I	L	E	P	H
I	A	F	A	E	M	E	Z
A	Z	S	T	R	A	D	A
L	Z	U	O	G	F	O	D
E	A	M	O	T	O	N	U
S	C	O	D	A	R	I	C
A	C	O	R	S	O	N	G

La strada heißt *die Straße*. In Verbindung mit Straßennamen sagt man allerdings **Via**: **Via Mazzini**, **Via Dante,** etc.

Kennen Sie auch die italienischen Ausdrücke für Kreisverkehr, Einbahnstraße und Sackgasse? Lernen Sie diese Vokabeln hier!

l'autostrada	*die Autobahn*
la statale	*die Staatsstraße (Bundesstraße)*
la strada a senso unico	*die Einbahnstraße*
la strada senza uscita	*die Sackgasse*
la rotatoria	*der Kreisverkehr*

?

lontano

entrata

arrivo

andata

salire

davanti

partenza

ritorno

vicino

uscita

dietro

scendere

Lösung

lontano	—	vicino
entrata	—	uscita
arrivo	—	partenza
andata	—	ritorno
salire	—	scendere
davanti	—	dietro

Sie haben wahrscheinlich viele Male auf den Türen von Geschäften **entrata** und **uscita** gelesen. Sind Ihnen schon auf der Autobahn Schilder mit denselben Wörtern aufgefallen? Hier bedeuten Sie zum einen ***Auffahrt***, zum anderen ***Ausfahrt***.
Falls Sie aber lieber den Zug nehmen und *eine Hin- und Rückfahrkarte* brauchen, dann sagen Sie:
Vorrei un biglietto di andata e ritorno per Trieste.

DIALOGE

?

1. Quanti anni compie Francesca?

R	E	N
R	T	A
É	T	T

Compie ______ anni.

2. Quando parte per le vacanze?

A	E	T
N	S	T
A	M	I

Ha detto che parte la prossima ______ .

3. Ha già organizzato tutto?

I	G	L
B	I	E
T	O	T

Sì, ho già comprato il ______ per Valencia.

Lösung

1. Compie **trentatré** anni.
2. Ha detto che parte la prossima **settimana**.
3. Sì, ho già comprato il **biglietto** per Valencia.

Sprechen Sie laut drei mal hintereinander diesen bekannten *Zungenbrecher*, auf Italienisch: **scioglilingua**. Auch im Deutschen ist er ganz schön „zungenbrecherisch“: ***Dreiunddreißig Trentiner zogen in Trient ein, alle dreiunddreißig in leichtem Trab.*** Danach können Sie das gerollte **r** perfekt aussprechen!

Trentatré trentini
entrarono a Trento
tutti e trentatré
trotterellando.

1. Eines passt **ausgesprochen** schlecht!

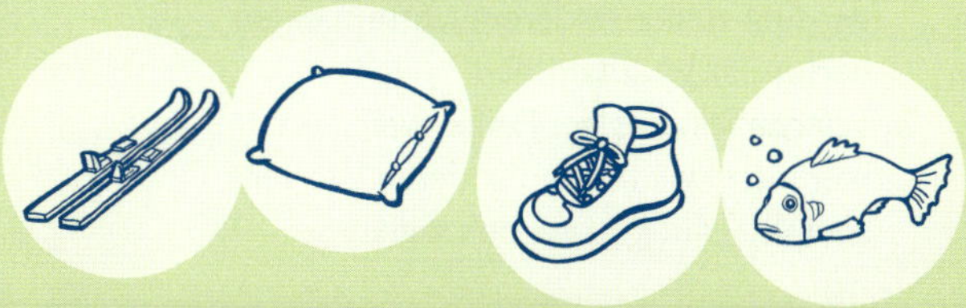

2. Eines passt **ausgesprochen** schlecht!

Lösung

1. **scarpa** fällt aus der Reihe, weil es im Gegensatz zu den anderen Wörtern einen harten [sk]-Laut enthält.
2. **sciarpa** fällt aus der Reihe, weil das sc hier nicht wie bei den anderen Wörtern als [sk]-Laut gesprochen wird.

Vor **a**, **o** und **u** wird das **sc** [sk] gesprochen (z. B.: **sconto**, **scusa**). Vor **i** und **e** wird ein **h** eingeschoben, damit die Aussprache [sk] bleibt (z. B.: **schema**, **schizzo**). Bitte nicht mit dem deutschen *sch* [ʃ] verwechseln. (Tipp: Sie können sich vorstellen das *h* wäre ein *k* = sc*k*ema, sc*k*izzo)

Vor **i** und **e** wird das **sc** [ʃ] gesprochen (z. B.: **cuscino**, **scena**).

EINES PASST NICHT!

?

1. sole | pioggia | cielo | vento
2. domani | oggi | ieri | tempo
3. armadio | letto | scrivania | lavandino
4. bicicletta | treno | strada | macchina
5. primo | sette | quinto | nono

Lösung

1. sole pioggia ~~cielo~~ vento
2. domani oggi ieri ~~tempo~~
3. armadio letto scrivania ~~lavandino~~
4. bicicletta treno ~~strada~~ macchina
5. primo ~~sette~~ quinto nono

Das italienische Wort **tempo** bedeutet zum einen *Zeit* und zum anderen *Wetter*.

Wenn Sie wissen möchten, wie das Wetter ist, dann fragen Sie:
Che tempo fa?
Dann erhalten Sie wahrscheinlich eine der folgenden Antworten:
C'è il sole. Fa caldo.
Piove. Nevica. C'è vento. Fa freddo.

Wussten Sie übrigens, dass es am Golf von Triest einen starken und kalten Wind gibt, der **la bora** heißt und eine Stärke von bis zu 200 km/h erreicht?

?

1. Rebus

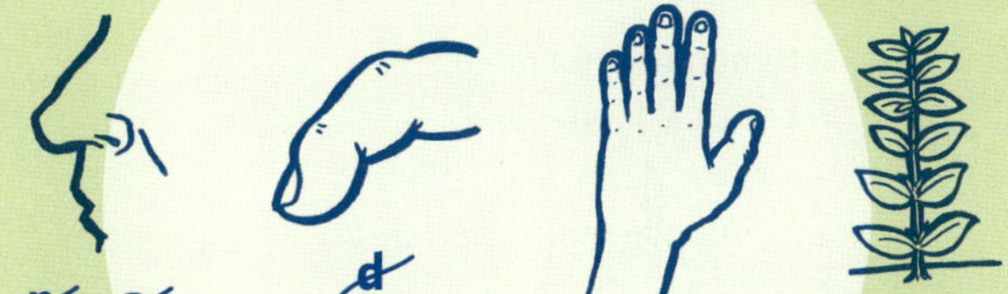

~~n~~ ~~a~~
o = e

~~d~~
i = t
o = i

o = a

p = b
t = c

2. Rebus

~~d~~
t = n
~~o~~

t = b
rt = cc

g = l
~~o~~

n = p
a = o

Lösung

1. settimana bianca
2. in bocca al lupo

Wenn man jemandem Glück wünscht, dann sagt man: **In bocca al lupo!**, wörtlich: *im Maul des Wolfes* und das steht für *Hals- und Beinbruch*. Der Andere antwortet dann sofort mit **Crepi il lupo!** Man antwortet darauf nie mit **Grazie!**
Vor Prüfungen oder vor wichtigen Terminen wünscht man auch nie **buona fortuna** *viel Glück*. Das wird eher als Pechbringer empfunden.

Die **settimana bianca**, die machen Italiener vorzugsweise im Winter. Sie fahren dann nämlich zum Skifahren in einen verschneiten, also *weißen*, Wintersportort!

1. cielo : azzurro =
prato :

2. neve : bianca =
sole :

3. carbone : nero =
fuoco :

4. arancia : arancione =
terra :

5. mare : blu =
strada :

Lösung

1. verde
2. giallo
3. rosso
4. marrone
5. grigia

Passare una notte in bianco bedeutet *eine schlaflose Nacht verbringen.*
Leggere un giallo bedeutet *einen Krimi lesen.*

Ieri ho letto un giallo e ho passato una notte in bianco.

Warum aber heißt der Krimi **giallo**? Das liegt daran, dass die ersten Krimis in Italien in gelben Einbänden publiziert wurden.

1. Pronto!? - Pronto. Ciao Giulia, sei a casa o in g ◯◯ o?
2. Sono in centro. Ti va se andiamo a fare shopping i ◯◯◯◯◯ e?
3. Mmh ..., va bene. Cosa devi c ◯◯◯◯◯◯ e?
4. Boh ..., cerco un paio di jeans. A che ora ci i ◯◯◯◯◯◯◯◯◯ o?
5. Ci vediamo alle quattro davanti alla pasticceria? - P ◯◯◯◯◯◯ o.

Lösung

1. giro
2. insieme
3. comprare
4. incontriamo
5. Perfetto

Pronto? *Hallo?* So meldet man sich in Italien am Telefon. Doch warum meldet man sich mit **pronto**, was auch ***fertig***, ***bereit*** bedeutet?

Man vermutet, dass das ‚pronto' aus der Anfangszeit des Telefons kommt. Als noch jede Verbindung einzeln in einer Zentrale hergestellt werden musste, gab der Telefonist dem Anrufer mit ‚pronto' zu verstehen, dass nun alles für den Anruf bereit sei.

KLEIDUNG

→

1. Stiefel
6. Hose
7. Socken

↓

2. Kleid/Anzug
3. Hemd
4. Rock
5. Jacke

Lösung

1 S	T	I	2 V	A	L	I		
			E					
	3 C		S			4 G		5 G
6 P	A	N	T	A	L	O	N	I
	M		I			N		A
	I		T			N		C
	C		O			A		C
	I							A
7 C	A	L	Z	E	T	T	I	

Beim Kleidereinkauf in Italien müssen Sie immer +4 rechnen: z. B. *die Größe 38* entspricht **la taglia 42**.
So können Sie antworten, wenn man nach Ihrer Größe fragt:
Che taglia ha? - Ho la 42.
Nach der Schuhgröße fragt man so:
Che numero ha? - Ho il 38.

Leggero und **pesante** sind zwei wichtige Begriffe in Italien, doch sie bedeuten nicht nur *leicht* und *schwer*.
Quella maglietta è troppo leggera bedeutet, dass das T-Shirt zu *dünn* ist.
Ho un bel maglione pesante. Hier ist von einem *dicken* Pullover die Rede.

B	R	I	S	C	G	S	U	N
U	L	I	N	O	C	E	D	F
N	A	C	O	T	R	T	P	U
V	N	P	T	O	S	A	N	L
U	A	S	F	N	A	B	N	C
E	R	U	P	E	L	L	E	U
E	Q	U	A	D	R	I	M	O
P	R	D	A	F	I	O	R	I
A	R	I	G	H	E	R	T	O

Lösung

B	R	I	S	**C**	G	**S**	U	N
U	**L**	**I**	**N**	**O**	C	**E**	D	F
N	**A**	C	O	**T**	R	**T**	P	U
V	**N**	P	T	**O**	S	**A**	N	L
U	**A**	S	F	**N**	A	B	N	**C**
E	R	U	**P**	**E**	**L**	**L**	**E**	**U**
E	**Q**	**U**	**A**	**D**	**R**	**I**	M	**O**
P	R	D	A	**F**	**I**	**O**	**R**	**I**
A	**R**	**I**	**G**	**H**	**E**	R	T	**O**

Materialien werden immer mit der Präposition **di** eingeleitet:
z. B.: **Ho comprato una cintura di pelle e una camicia di seta.**

Muster werden immer mit der Präposition **a** verwendet:
z. B.: **Cerco una maglietta a fiori e una camịcia a righe.**

Preferisco il vestito in tinta unita bedeutet, dass man das Kleid *einfarbig* vorzieht.

cin brac a o cra

tu ra vat col

rec nel to

ta ni na

chi lo

la cia let

1.
2.
3.
4.
5.
6.

Lösung

cintura
cravatta
anello
collana
orecchini
braccialetto

Die Namen vieler Accessoires kann man von Körperteilen ableiten:

gli occhi	**gli occhiali**
l'orecchio	**gli orecchini**
il collo	**la collana**
il braccio	**il braccialetto**

?

largo

scuro

comprare

lungo

mettere

vestirsi

vendere

corto

stretto

chiaro

spogliarsi

togliere

Lösung

largo	—	stretto
scuro	—	chiaro
comprare	—	vendere
lungo	—	corto
mettere	—	togliere
vestirsi	—	spogliarsi

Wenn man *sich etwas anziehen* möchte, dann sagt man **mettersi qualcosa**.
Aspetta, mi metto il cappotto e la sciarpa.
Wenn man *sich komplett anzieht*, sagt man **vestirsi**.
La mattina mi sveglio, mi alzo, mi lavo, mi vesto, faccio colazione, mi metto la giacca e esco.

?

1. Che giorno è oggi?

M	R	Ì
C	E	O
E	L	D

Oggi è ______________ .

2. Quanti ne abbiamo oggi?

I	E	V
N	V	T
E	N	O

Oggi è il ______________ aprile.

3. Quando vai in vacanza?

S	T	M
E	R	T
E	E	B

Vado in ______________ .

Lösung

1. Oggi è mercoledì.
2. Oggi è il ventinove aprile.
3. Vado in settembre.

mercoledì bedeutet *(am) Mittwoch*
Che cosa fai mercoledì?

il mercoledì bedeutet *mittwochs*
Il mercoledì vado sempre a correre.

Und wenn Sie *kaum erwarten können* etwas zu tun oder jemanden zu sehen, dann sagen Sie **non vedo l'ora di ...**
Non vedo l'ora di andare in vacanza!
Non vedo l'ora di vederti!

EINES PASST NICHT!

?

1.	mano	orecchini	bocca	occhi
2.	sole	pioggia	cielo	vento
3.	lunedì	mattino	mercoledì	venerdì
4.	ora	minuti	data	secondi
5.	lenzuolo	coperta	ora	letto

Lösung

1. mano ~~orecchini~~ bocca occhi
2. sole pioggia ~~cielo~~ vento
3. lunedì ~~mattino~~ mercoledì venerdì
4. ora minuti ~~data~~ secondi
5. lenzuolo coperta ~~ora~~ letto

il mattino – la mattina

Le ore del mattino hanno l'oro in bocca - so klingt das entsprechende Sprichwort auf Deutsch: *Morgenstund hat Gold im Mund.*

Es ist bekannt, dass es gut ist Orangen zu essen. Aber: ist das wirklich immer so gesund? Das Land, in dem die Zitronen blühen, hat dazu ein gutes Sprichwort parat:
Le arance sono oro la mattina, argento a mezzogiorno e piombo la sera. *Vormittags sind Orangen wie Gold, mittags wie Silber und abends wie Blei.*

1. piedi : scarpe =

mani :

2. caldo : estate =

freddo :

3. ora : minuti =

settimana :

4. cielo : aereo =

mare :

5. chitarra : corde =

pianoforte :

Lösung

1. guanti
2. inverno
3. giorni
4. nave
5. tastiera

Musik hat eine lange Tradition in Italien. Können Sie eigentlich ein Instrument spielen? **Che strumento suona?** Da wären z. B. **la chitarra**, **il pianoforte**, **la batteria**, **il sassofono**.

Wussten Sie übrigens, dass die musikalischen Noten auf Italienisch ganz anders heißen? **do re mi fa sol la si do**

Die musikalischen Vortragsbezeichnungen sind seit Jahrhunderten traditionell auf Italienisch:
Für die Lautstärke: **piano**, **pianissimo**, **forte**, **fortissimo**
Für das Tempo: **lento**, **moderato**, **allegro**, **vivace**

WORTWIRBEL

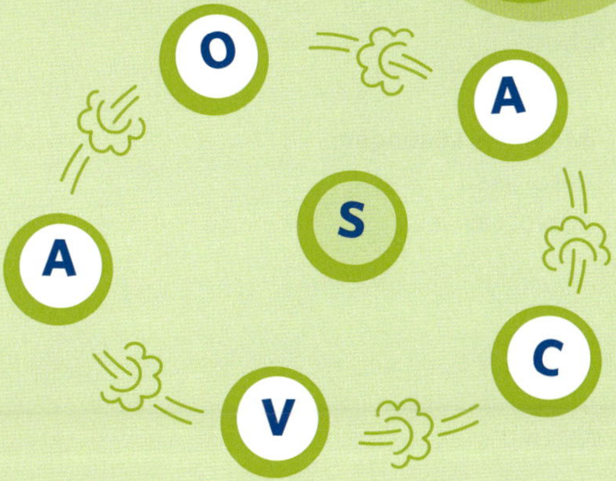

casa,

Gibt es das Wort wirklich? Schauen Sie nach unter **www.pons.eu**!

Lösung

Mögliche Lösungen:
caso, vaso, cosa,
scavo, vasca, ...

Das Wort **casa** kommt aus dem Lateinischen im Sinne von **capanna** (= *Hütte*) und bezeichnet einen Ort, wo man in Deckung und somit geschützt ist. Heute entspricht **casa** der Bedeutung von **abitazione della famiglia**, also der Platz, wo man wohnt und sich zu Hause fühlt. Die Lateiner benutzten dafür das Wort **domus**, dass wir heute noch im Italienischen als **domicilio** *Wohnsitz* wiederfinden.

MOBILIAR

→

1. Vase
4. Bücherregal
6. Zimmer
7. Stuhl

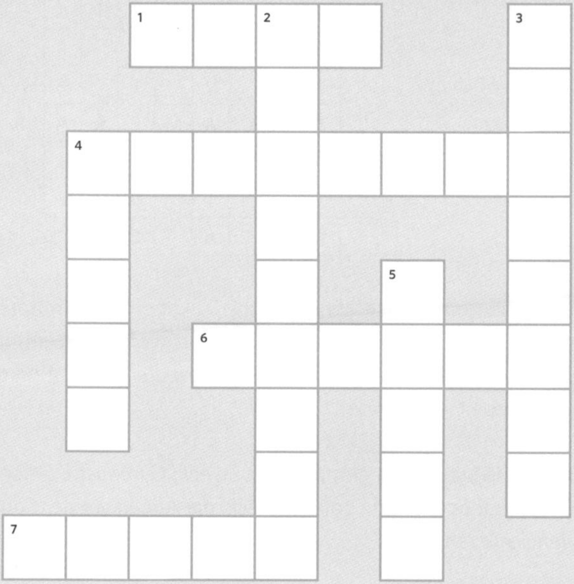

↓

2. Schreibtisch
3. Regal
4. Bett
5. Vorhänge

Lösung

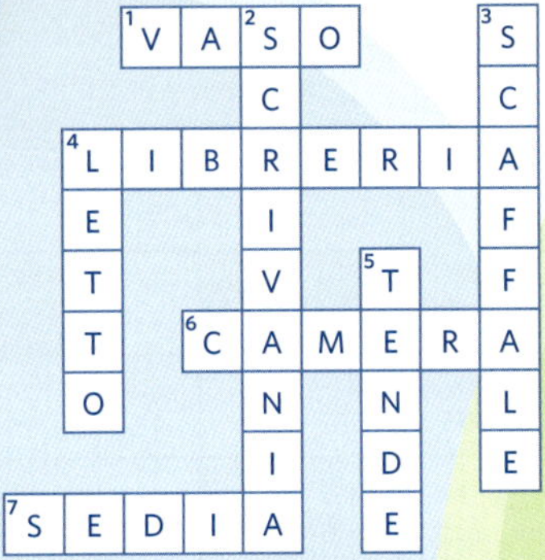

Eine zusammengesetzte deutsche Vokabel kann im Italienischen durch drei Wörter ausgedrückt werden. Wenn der Zweck näher bestimmt wird, dann wird die Präposition **da** als „Kleber" verwendet.

Metto le scarpe da ginnastica. (*Zweck: Gymnastik treiben*)
Metto gli occhiali da sole. (*Zweck: die Augen vor der Sonnen schützen*)

la sala da pranzo	das Speisezimmer
la camera da letto	das Schlafzimmer
le scarpe da ginnastica	die Turnschuhe
gli occhiali da sole	die Sonnenbrille
il costume da bagno	der Badeanzug

D	F	A	C	E	A	I	S	O
O	E	F	A	S	N	A	A	R
B	U	R	R	O	U	I	L	I
L	O	A	N	C	L	O	A	G
E	V	P	E	S	C	E	M	A
A	A	R	E	S	F	G	E	N
I	N	S	A	L	A	T	A	O
C	I	P	O	L	L	E	S	E
U	C	B	N	A	G	L	I	O

Lösung

D	F	A	**C**	E	A	I	**S**	**O**
O	E	F	**A**	S	N	A	**A**	**R**
B	**U**	**R**	**R**	**O**	U	I	**L**	**I**
L	**O**	A	**N**	C	L	O	**A**	**G**
E	**V**	**P**	**E**	**S**	**C**	**E**	**M**	**A**
A	**A**	R	E	S	F	G	**E**	**N**
I	**N**	**S**	**A**	**L**	**A**	**T**	**A**	**O**
C	**I**	**P**	**O**	**L**	**L**	**E**	S	E
U	C	B	N	**A**	**G**	**L**	**I**	**O**

Nach dem Verzehr von Knoblauch wirken ein paar Blätter Petersilie erfrischend.
Seit dem Mittelalter wird für gewöhnlich die Petersilie in der Küche zu allem verwendet: daher stammt das Sprichwort **essere come il prezzemolo**.
Mit diesem Ausdruck bezeichnet man jemanden, der überall ist.
Ma sei come il prezzemolo!

die Kräuter = **le erbe aromatiche**; *die Gewürze* = **le spezie**

BESTECK

1. Che cosa usi per mescolare lo zucchero nel caffè?

una ci occhi

2. Con che cosa tagli la bistecca?

tel collo

3. Cosa usi per mangiare gli spaghetti?

chef trota

Lösung

1. cucchiaino
2. coltello
3. forchetta

Um ein Wort kleiner oder niedlicher zu machen, können Sie unter anderem das Suffix **-ino** verwenden. So kann man Adjektive und Substantive verändern: Das Stammwort wird beibehalten und die Endung **-ino** als Suffix hinzugefügt.
Allerdings sind nicht alle Wörter auf **-ino** Verniedlichungen!

il cucchiaio – il cucchiaino	*der Löffel – der Teelöffel*
il tavolo – il tavolino	*der Tisch – das Tischlein*
il regalo – il regalino	*das Geschenk – das Geschenkchen*
il cappello – il cappellino	*der Hut – der kleine, hübsche Hut*
il telefono – il telefonino	*das Telefon – das Mobiltelefon*

1. Eines passt **ausgesprochen** schlecht!

2. Eines passt **ausgesprochen** schlecht!

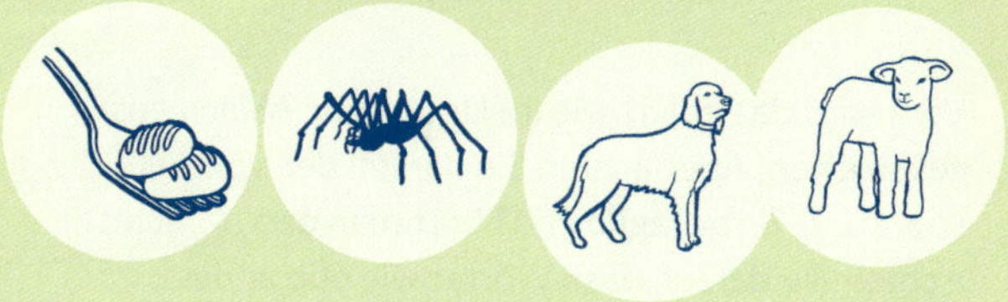

Lösung

1. **globo** fällt aus der Reihe.
2. **cane** fällt aus der Reihe.

Vor **i** wird das **gl** [lj] wie im Deutschen *Million* ausgesprochen. Aber achten Sie darauf: der Vokal ist stumm. Z. B.: bei **aglio** [ljo] hört man das „i" nicht! Achten Sie darauf, dass Wörter wie **olio** anders geschrieben werden und deswegen hier das „i" ausgesprochen wird.
Sonst wird **gl** wie [gl] ausgesprochen, z. B. **inglese**.

gn [ɲ] wird wie im Deutschen *Cognac* ausgesprochen, z. B.: **gnocchi**, **Lignano**.

?

1. Che cosa cerchi?

C	I	P
T	A	P
A	A	V

Cerco il ______ .

2. Che cosa devo comprare?

G	I	O
A	F	M
G	O	R

Mah, manca il ______ .

3. Che cosa mangiamo oggi a mezzogiorno?

C	A	C
C	A	I
P	R	O

Possiamo fare il ______ .

Lösung

1. Cerco il **cavatappi**.
2. Manca il **formaggio**.
3. Possiamo fare il **carpaccio**.

Il sughero der *Kork* ist das Material, aus dem auch **i tappi** *die Korken* produziert werden. Auf Sardinien gibt es viele *Korkeichen* **querce da sughero**, weshalb sich dort auch die Industrie der Korkenproduktion entwickelt hat.

il cavatappi – *der Korkenzieher*
l'apribottiglia – *der Flaschenöffner*

?

salato

amaro

magro

morbido

pulito

molto

grasso

sporco

insipido

poco

duro

dolce

Lösung

salato	—	insipido
amaro	—	dolce
magro	—	grasso
morbido	—	duro
pulito	—	sporco
molto	—	poco

Molto als Adjektiv bezieht sich auf das Substantiv und bedeutet *viel*:
Ho molta pazienza. Ho molte idee. Ho molto tempo. Ho molti libri.

Molto als Adverb bezieht sich auf das Verb, ist unveränderbar und bedeutet *sehr* oder *viel*:
Ho molto da fare. Luisa è molto bella.

EINES PASST NICHT!

1.	padella	pentola	pentolino	piatto
2.	vino	acqua	birra	grappa
3.	conto	coperto	cavolo	mancia
4.	primo	ultimo	contorno	dolce
5.	mora	albicocca	uova	uva

Lösung

1. padella pentola pentolino ~~piatto~~
2. vino ~~acqua~~ birra grappa
3. conto coperto ~~cavolo~~ mancia
4. primo ~~ultimo~~ contorno dolce
5. mora albicocca ~~uova~~ uva

Acqua

Versuchen Sie einmal mit *Wasser im Mund* zu sprechen. Das klappt natürlich nicht! Darum sagt jemand, der Ihnen ein Geheimnis erzählt und möchte, dass es nicht weitererzählt wird: **Acqua in bocca!**

Wenn Sie etwas Leckeres sehen und Ihnen *läuft das Wasser im Mund zusammen,* dann können Sie sagen: **Mmmhhh, ho l'acquolina in bocca!**

LOGISCH?

1. banana : frutta =
cetriolo :

2. penna : scrivere =
coltello :

3. zucchero : dolce =
peperoncino :

4. burro : latte =
olio :

5. bocca : mangiare =
occhio :

Lösung

1. verdura
2. tagliare
3. piccante
4. olive
5. vedere

Peperone steht für *Gemüsepaprika*. Die kleine, scharfe Variante, die *Peperoni* oder *Chili*, heißt **peperoncino piccante**. Eine schöne, originelle Idee für ein symbolisches Geschenk ist ein kleiner Strauß roter Peperoncini. Das wird als Glücksbringer angesehen!

HAUSHALTSGERÄTE

?

fri va go for ra
pol to spi ri
va sto ve fe
la re ro la no la
tri vi glie ce frul
re a

1. ______

2. ______

3. ______

4. ______

5. ______

6. ______

Lösung

forno
frullatore
frigorifero
lavatrice
lavastoviglie
aspirapolvere

Einige Wörter kann man abkürzen und sie bleiben dann auch im Plural unverändert!

il frigo(rifero)	**i frigo(riferi)**
la foto(grafia)	**le foto(grafie)**
la bici(cletta)	**le bici(clette)**

WAS FEHLT?

1. Oggi devo passare

   l'a○○○○○○○○○○○e.
   E tu, che cosa fai?

2. Ho i capelli troppo lunghi e quindi oggi vado dal

   p○○○○○○○○○○e.

3. Sabato Francesca compie gli anni. Sarà una bella

   festa di c○○○○○○○○o!

4. Possiamo andarci insieme.

   Che cosa le r○○○○i?

5. Boh, ancora non lo so. Vado in profumeria

   e prendo il suo p○○○○○o preferito.

Lösung

1. aspirapolvere
2. parrucchiere
3. compleanno
4. regali
5. profumo

Um richtig italienisch zu klingen, sollten Sie in Zukunft folgende kleine Wörter, **paroline**, öfter mal in Ihre Rede einstreuen:

beh - *na, ja, tja, so*
boh - *hm*
mah - *hm, nun*
caspita - *wow*

Beh, e adesso cosa facciamo? – Boh, non lo so.
Mah, possiamo andare a Berlino. – Caspita, che bella idea!

WORTWIRBEL

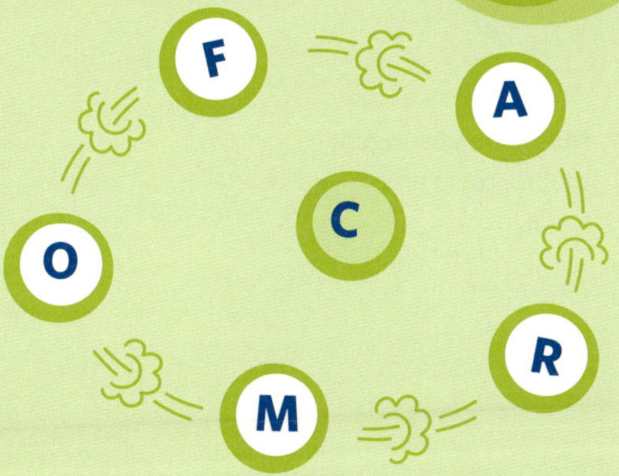

caro,

Gibt es das Wort wirklich? Schauen Sie nach unter **www.pons.eu**!

Lösung

Mögliche Lösungen:
macro, roca, arco, forca, ocra, ...

Caro bedeutet *teuer*:
Il vestito è caro, ma mi piace molto.

Caro in der Anrede im Brief oder in einer E-Mail bedeutet *Lieber/Liebe*:
Caro Marco / Cara Simona,
Wenn man hingegen jemanden siezt, dann fängt man an mit:
Gent. signor ... / Gent.ma signora ...,
Und die Anrede bei einer Firma lautet:
Spett. Ditta (...),

GEGENTEILE

caro

risparmiare

trovare

veloce

alzare

lento

perdere

economico

abbassare

spendere

Lösung

caro	—	economico
risparmiare	—	spendere
trovare	—	perdere
veloce	—	lento
alzare	—	abbassare

Das Gegenteil von **caro** ist **economico** *wirtschaftlich, preiswert*, aber in der gesprochenen Sprache sagt man gewöhnlich z. B. eher **il tavolo non è caro** oder **il tavolo non costa tanto**.

S	E	T	D	E	N	T	I	V
P	B	P	C	I	G	L	I	A
A	O	C	C	H	I	U	E	S
N	C	O	L	E	A	C	N	L
A	C	G	U	A	N	C	I	A
S	A	D	F	R	G	O	U	B
O	R	E	C	C	H	I	E	B
C	A	P	E	L	L	I	E	R
A	R	D	L	I	N	G	U	A

Lösung

S	E	T	**D**	**E**	**N**	**T**	**I**	V
P	**B**	P	**C**	**I**	**G**	**L**	**I**	**A**
A	**O**	**C**	**C**	**H**	**I**	U	E	S
N	**C**	O	L	E	A	C	N	**L**
A	**C**	**G**	**U**	**A**	**N**	**C**	**I**	**A**
S	**A**	D	F	R	G	O	U	**B**
O	**R**	**E**	**C**	**C**	**H**	**I**	**E**	**B**
C	**A**	**P**	**E**	**L**	**L**	**I**	E	**R**
A	R	D	**L**	**I**	**N**	**G**	**U**	**A**

Körperteile haben oft eine unregelmäßige Pluralform.
Hier finden Sie einige dieser Formen:

il labbro **le labbra**
l'orecchio **le orecchie**
il sopracciglio **le sopracciglia**

KÖRPERTEILE

→

2. Finger
5. Rücken
7. Bauch
8. Hand

↓

1. Füße
3. Arm
4. Bein
6. Hals

Lösung

			1 P					
		2 D	I	T	O			
			E			3 B		4 G
			D			R		A
5 S	6 C	H	I	E	N	A		M
	O					C		B
	L		7 P	A	N	C	I	A
	L					I		
	O		8 M	A	N	O		

... und hier geht es weiter!

il braccio	**le braccia**
la mano	**le mani**
il dito	**le dita**
il ginocchio	**le ginocchia**

... und wenn Sie alles gelernt haben, dann sind Sie **una persona in gamba**, dann sind Sie wirklich *eine patente Person* / dann sind Sie wirklich *auf Zack*.

LOGISCH?

1. sapone : mani =

shampoo : ○○○○○○○

2. piede : scarpa =

testa : ○○○○○○○○

3. dietro : davanti =

a destra : ○ ○○○○○○○○

4. dentro : fuori =

sotto : ○○○○○

5. acqua : lavare =

fon : ○○○○○○○○○

Lösung

1. capelli
2. cappello
3. a sinistra
4. sopra
5. asciugare

Wenn es irgendwo schmerzt, sagt man:
Ho mal di ...
... **testa** (*Kopf*)
... **pancia** (*Bauch*)
... **denti** (*Zähne*)
... **stomaco** (*Magen*)
... **schiena** (*Rücken*)

Und Abhilfe bei Kopfschmerzen findet man z. B. in einer **farmacia** (*Apotheke*), indem man sagt:
Ho mal di testa. Cosa mi consiglia?
Ich habe Kopfschmerzen. Was empfehlen Sie mir?

IN DER KOSMETIKTASCHE

pet ne ti spaz fri po

ros zo ne zo

ti

li no den cio

set sa spaz la to

1. ____________________

2. ____________________

3. ____________________

4. ____________________

5. ____________________

6. ____________________

Lösung

pettine
spazzola
spazzolino
dentifricio
sapone
rossetto

Die Vokabeln **borsa**, **valigia** und **zaino** sind Ihnen schon vertraut. Ein weiteres Tragebehältnis ist der **beauty case** (*Kosmetiktasche*), einer von etlichen Anglizismen in der italienischen Sprache. Anglizismen sind aber aufgrund ihrer medialen Verbreitung nicht nur ein italienisches Phänomen.
Auch die folgenden Begriffe finden Sie im Italienischen:

lo sponsor	**il trend**
lo staff	**fare shopping**
lo stage	**il goal**
il computer	**il flash**
il leader	**il flirt**
il manager	**il partner**
il jet leg	**il boss**

EINES PASST NICHT!

1.	sandali	scarponi	sabbia	infradito
2.	nuotare	sciare	pattinare	luglio
3.	pedine	carte	cucina	dadi
4.	tosse	bilancia	febbre	influenza
5.	giornale	farmacia	edicola	gelateria

Lösung

1. sandali scarponi ~~sabbia~~ infradito
2. nuotare sciare pattinare ~~luglio~~
3. pedine carte ~~cucina~~ dadi
4. tosse ~~bilancia~~ febbre influenza
5. ~~giornale~~ farmacia edicola gelateria

La bilancia: so heißt die *Waage*, mit der man sich wiegt, und auch das Sternzeichen. Glauben Sie an Horoskope?
Die Italiener sind ein ziemlich abergläubisches Volk. Sehr oft unterstützen sie Ausdrücke mit bestimmten Gesten, z. B. um das Glück herbeizurufen oder das Pech fernzuhalten.
Incrocio le dita, (wörtlich: *ich kreuze die Finger*) bedeutet z. B., dass *ich dir die Daumen drücke* oder *ich hoffe, dass alles gut geht*.
Wo die Deutschen lieber *auf Holz klopfen, fassen* die Italiener *Eisen an*: **toccano ferro**.

AUSSPRACHE

1. Eines passt **ausgesprochen** schlecht!

2. Eines passt **ausgesprochen** schlecht!

Lösung

1. **vento** fällt aus der Reihe.
2. **cuore** fällt aus der Reihe, weil es anders geschrieben wird.

v wird [w], d. h. immer wie im Deutschen *wieso* ausgesprochen, z. B.: **violino**, **vaso**. Übrigens: **w** wird auf Italienisch [wu] ausgesprochen: www spricht man [wuwuwu] aus.

qu wird <u>nicht</u> wie im Deutschen [kw] ausgesprochen sondern [ku]. Daher spricht man auch cu+Vokal gleich aus wie qu+Vokal, der Unterschied ist nur in der Schrift!

REBUS

1.

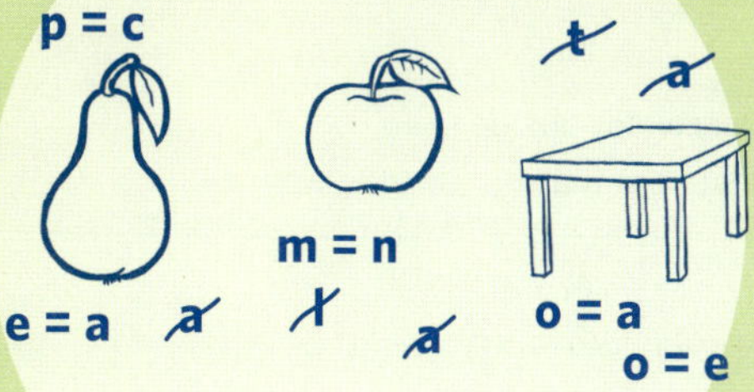

2.

Lösung

1. carnevale
2. zucchero filato

Man vermutet, dass das Wort **carnevale** von **carne levare** *Fleisch wegnehmen* stammt. Daraus entstand **carnevale** als Bezeichnung für die Fastenzeit. In Italien werden, öfter als in Deutschland, viele katholischen Feiertage auf den nachfolgenden Sonntag verschoben. Andere Feiertage hingegen sind mit einem festen Datum verbunden, wie z. B. der 1. Mai (*Festa del Lavoro*) oder der 25. April (*Anniversario della Liberazione*). Und wenn sie in die Nähe eines Wochenendes fallen, dann ist es üblich *Brückentage zu bilden*: **fare ponte**.
An Karneval isst man traditionell in Italien *Schmalzgebäck*, das je nach Region anders heißt: **crostoli**, **chiacchiere**, usw. Überall gleich wird jedoch die *Zuckerwatte* genannt: **zucchero filato**.

FEIERTAGE

→

2. Weihnachten
4. Glückwünsche
5. Ostermontag
6. Ostern

↓

1. Silvester/Neujahr
3. Dreikönigsfest

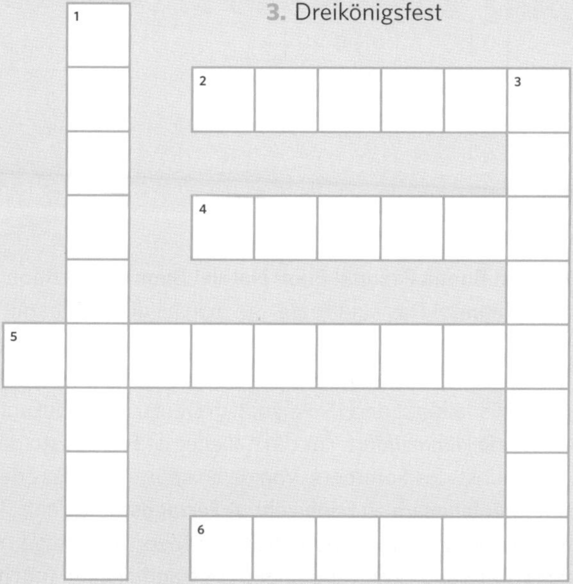

Lösung

	1 C							
	A		2 N	A	T	A	L	3 E
	P							P
	O		4 A	U	G	U	R	I
	D							F
5 P	A	S	Q	U	E	T	T	A
	N							N
	N							I
	O		6 P	A	S	Q	U	A

Auguri! Buona Pasqua! Buon Natale! Buon Anno! Buon Compleanno! Das sind Feste, die man eigentlich überall feiert.

Ein typisch italienisches Phänomen hingegen ist **Ferragosto**. Es fällt auf den 15. August, in Deutschland bekannt als *Mariä Himmelfahrt*. Für die Italiener ist **Ferragosto** der Höhepunkt des Sommers. Von da an spürt man, dass der Sommer langsam zu Ende geht. **A Ferragosto** beginnt ein Exodus von der Stadt in Richtung Meer, See, Berge oder aufs Land. Am Meer finden die traditionellen **fuochi d'artificio**, ein großes *Feuerwerk*, statt.

M	F	I	G	L	I	T	S	Z
F	R	A	T	E	L	L	O	I
R	P	A	P	À	O	L	R	O
M	A	M	M	A	U	E	E	N
P	D	F	L	N	C	I	L	I
G	S	C	B	U	L	P	L	P
S	A	R	N	O	N	N	A	O
C	O	G	N	A	T	A	S	T
E	T	U	I	V	Z	I	A	E

Lösung

M	**F**	**I**	**G**	**L**	**I**	T	**S**	**Z**
F	**R**	**A**	**T**	**E**	**L**	**L**	**O**	**I**
R	**P**	**A**	**P**	**À**	O	L	**R**	**O**
M	**A**	**M**	**M**	**A**	U	E	**E**	**N**
P	D	F	L	N	C	I	**L**	**I**
G	S	C	B	U	L	P	**L**	**P**
S	A	R	**N**	**O**	**N**	**N**	**A**	**O**
C	**O**	**G**	**N**	**A**	**T**	**A**	S	**T**
E	T	U	I	V	**Z**	**I**	**A**	**E**

Das weiß man: Festtage und Familie gehören zusammen. Es ist die Gelegenheit, um sich wieder mal zu treffen und zusammen zu feiern. In Italien gibt es ein Sprichwort, das eine Ausnahme erlaubt: **Natale con i tuoi, Pasqua con chi vuoi** *Weihnachten bei den Deinen, Ostern, bei wem du willst*. Am *Ostermontag* **Pasquetta** ist es Tradition, einen Ausflug aufs Land zu machen. Es wird ein Picknick mit Freunden organisiert und die traditionelle **frittata di Pasquetta**, das *Ostermontagsomelett*, verzehrt.

?

ca cioc tor ra li mel

le ti ro ne bis

ti ne cot qui li

ri zia co la ni pra

1. ______________________________

2. ______________________________

3. ______________________________

4. ______________________________

5. ______________________________

6. ______________________________

Lösung

cioccolatini
caramelle
torrone
biscotti
praline
liquirizia

Biscotti (*Kekse*) bedeutet wörtlich übersetzt: *zweimal gebacken* (bis- = *zweimal*, cotto = *gebacken/gekocht*) - nur so werden sie trocken und knackig. Die Italiener lieben ihre Kekse. Sie werden zum Frühstück in den Tee oder in die **caffelatte** eingetunkt.

Übrigens: **bis** im Sinne von *zweimal* finden wir auch wieder in **bisnonna** *Urgroßmutter* und **bisnonno** *Urgroßvater*. Auch im Konzert können Sie es hören, wenn die Zuschauer **bis!** *Zugabe!* rufen.

WORTWIRBEL

mani,

Gibt es das Wort wirklich? Schauen Sie nach unter **www.pons.eu**!

Lösung

Mögliche Lösungen:
liane, linea, anime,
ali, mina, lima, ...

Avere le mani bucate

Schon mal zu viel Geld verplempert? Ist Ihnen das Geld nur so ***unter den Fingern zerronnen***? In Italien sickert in einem solchen Fall das Geld durch die Hände hindurch. Man sagt, dass jemand ***Löcher in den Händen hat***: **ha le mani bucate**.

1.

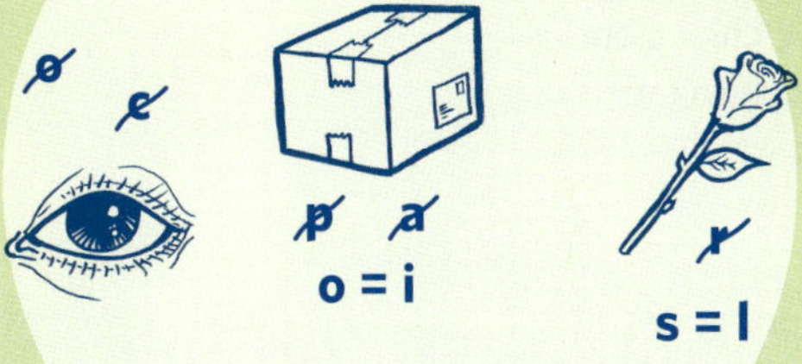

2.

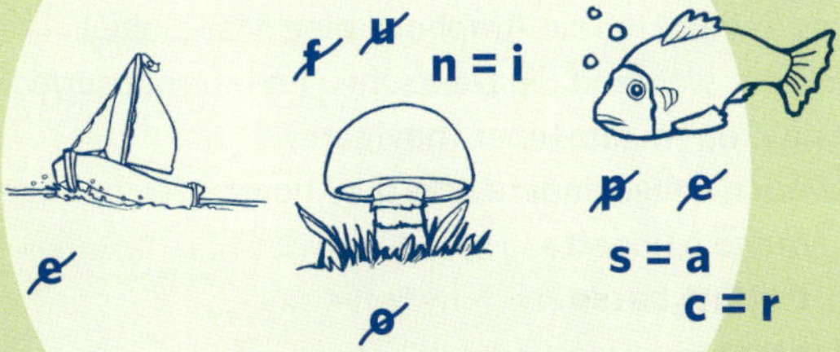

Lösung

1. chiocciola
2. navigare

Der Ursprung des @

Auf Italienisch nennt man das @ **chiocciola**, wörtlich auf Deutsch übersetzt *Schnecke*. Alle kennen dieses Symbol, aber welchen Ursprung hat es? Wir müssen dafür 500 Jahre in der Geschichte zurückgehen. Dort finden wir das @ auf italienischen (beziehungsweise venezianischen) Handelsbriefen. Die venezianischen Händler benutzten es als Symbol für die Amphore, eine Maßeinheit.
Übrigens, während die Deutschen im Internet ***surfen***, „navigieren" die Italiener (**navigare**).
Hier noch einige andere Interpunktionsbezeichnungen:

(-) **meno o lineetta**
(_) **trattino basso**
(/) **barra**
(**()**) **parentesi**
( ) **spazio**

N	A	V	I	G	A	R	E	S
C	L	I	C	C	A	R	E	T
R	U	L	B	V	C	D	E	A
S	C	H	E	R	M	O	A	M
S	R	B	M	C	O	O	L	P
E	R	E	T	E	U	E	R	A
A	R	P	M	R	S	E	T	N
T	A	S	T	I	E	R	A	T
A	L	L	E	G	A	T	O	E

Lösung

N	**A**	**V**	**I**	**G**	**A**	**R**	**E**	**S**
C	**L**	**I**	**C**	**C**	**A**	**R**	**E**	**T**
R	U	L	B	V	C	D	E	**A**
S	**C**	**H**	**E**	**R**	**M**	**O**	A	**M**
S	R	B	M	C	**O**	O	L	**P**
E	**R**	**E**	**T**	**E**	**U**	E	R	**A**
A	R	P	M	R	**S**	E	T	**N**
T	**A**	**S**	**T**	**I**	**E**	**R**	**A**	**T**
A	**L**	**L**	**E**	**G**	**A**	**T**	**O**	**E**

Wie wäre es mal auf Italienisch durch das Internet zu „navigieren“? Da könnten folgende Vokabeln nützlich sein. Kennen Sie sie vielleicht schon?

salvare *speichern*
chattare *chatten*
scaricare *herunterladen*
cliccare *klicken*
cancellare *löschen*
copia e incolla *Kopieren und Einfügen*

GEGENTEILE

accendere	mandare
più	tirare
buttare	indietro
avanti	meno
spingere	tenere
ricevere	spegnere

Lösung

accendere	—	spegnere
più	—	meno
buttare	—	tenere
avanti	—	indietro
spingere	—	tirare
ricevere	—	mandare

Um beim Schreiben von **messaggi** *sms* schneller zu sein, hat sich eine neue Abkürzungssprache entwickelt, die oft, wenn man **il telefonino** *das Handy* benutzt, verwendet wird. Hier einige Beispiele:

+	**più**	*mehr*
-	**meno**	*weniger*
+ o -	**più o meno**	*mehr oder weniger*
x	**per**	*für*
nn	**non**	*nicht*
6	**sei**	*du bist*
c6	**ci sei**	*bist du da*
tvtb	**ti voglio tanto bene**	*ich hab dich sehr lieb*

1. A Carlo non piace vivere in città. Preferisce la vita in c ○○○○○○ a

2. A me piacciono gli animali ma non sopporto gli i ○○○○○ i.

3. Anna vive in campagna. Ha tanti animali e una f ○○○○○○ a bellissima.

4. Se domani hai tempo, la possiamo andare a t ○○○○○ e.

5. Certo. Non vedo l'ora di respirare un po' d'aria b ○○○ a.

Lösung

1. campagna
2. insetti
3. fattoria
4. trovare
5. buona

L'agriturismo ist eine alternative Art und Weise, den Urlaub zu verbringen. Unter diesem Begriff versteht man eine Art Urlaub auf dem Bauernhof. Das ist eine optimale Gelegenheit, um die Ferien in Kontakt mit der Natur zu verbringen. Das Genießen der traditionellen Küche und der Genuss von selbsthergestellten Produkten wie z. B. Öl, Wein, etc. gehören dazu. Hier kann man sich erholen, die Landschaft genießen und die Produkte des Bauernhofs kennenlernen.

?

muc pe ca li co ca

val gal na ra

lo

co ca ni pra glio

1.

2.

3.

4.

5.

6.

Lösung

mucca
pecora
cavallo
gallina
coniglio
capra

Welche Einstellung zum Leben haben Sie? Möchten Sie lieber heute ein Ei haben als morgen eine Henne? Diese Einstellung geben die Italiener mit folgendem Sprichwort wieder: **Meglio un uovo oggi che una gallina domani!**

Die Deutschen hingegen haben in diesem Fall lieber *den Spatz in der Hand als die Taube auf dem Dach*. D.h. dass sie lieber heute mit dem wenigen zufrieden sind, was sie aber sofort haben können, als unsichere Zukunftspläne zu schmieden.

1. In quale insetto si può trasformare il bruco?

Fra falla

2. Quale insetto ha dato il nome a una macchina?

Mangio iglo

3. Quale insetto dà molto fastidio?

Ranazza

Lösung

1. farfalla
2. maggiolino
3. zanzara

In Italien trägt der berühmte VW-Käfer den Namen *Maikäfer* **maggiolino**.
Und wussten Sie schon, dass italienische Kinder nicht Blinde Kuh, sondern *blinde Fliege* spielen: **giocare a moscacieca**?

DIMINUTIVE

?

1. tavolo : tavolino =

gatto : ○○○○○○○

2. magro : magrolino =

sasso : ○○○○○○○○○

3. camera : cameretta =

bacio : ○○○○○○○

4. storia : storiella =

albero : ○○○○○○○○○

5. scarpa : scarpetta =

casa : ○○○○○○○

Lösung

1. gattino
2. sassolino
3. bacetto
4. alberello
5. casetta

Außer dem Suffix **-ino**, das Sie schon kennengelernt haben, können Sie auch **-ello**, **-etto** und **-lino** verwenden, um Wörter zu verkleinern.
Aber es gibt auch Wörter, die so aussehen, als ob sie ein Suffix enthielten, aber eigenständige Wörter sind, wie z. B.: **cuscino**, **lavandino**, **cervello**, **addetto**, **affetto**.

→

1. Insel
5. Dolomiten
6. Fluss
7. Erde

↓

2. See
3. Gebirge
4. Hügel (Pl.)

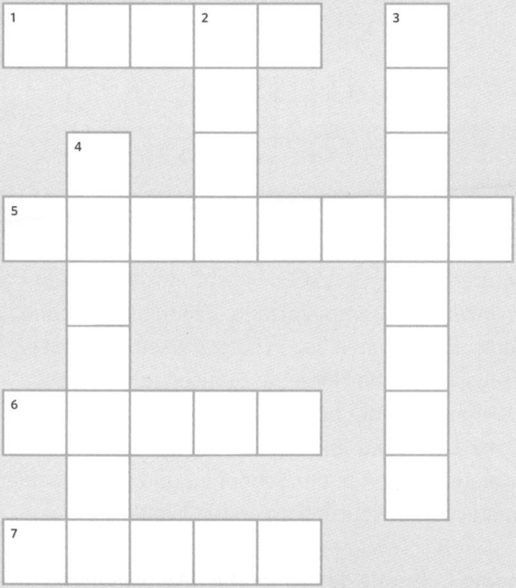

Lösung

1 I	S	O	2 L	A		3 M	
			A			O	
	4 C		G			N	
5 D	O	L	O	M	I	T	I
	L					A	
	L					G	
6 F	I	U	M	E		N	
	N					E	
7 T	E	R	R	A			

Dolomiti

Seit 2009 sind die Dolomiten in der Liste des Weltkultur- und Naturerbes der UNESCO. Sie erstrecken sich über die Provinzen von Trento, Bolzano, Belluno, Pordenone und Udine. Dazwischen liegen Täler, Flüsse und Pässe. Die durchschnittliche Höhe der Bergspitzen liegt etwa bei 3.000 m. Einer der höchsten Berge ist **La Marmolada** (3.342 m). **Le Tofane** (3.243 m) *Dreigestirn* ist einer der bekanntesten wegen seiner Schönheit und wegen seiner geschichtlichen Bedeutung im ersten Weltkrieg.

Patrimonio Culturale dell'Umanità - *Weltkulturerbe*
Patrimonio Naturale dell'Umanità - *Weltnaturerbe*

B	U	L	O	E	G	L	S	N
T	E	M	P	O	R	A	L	E
R	A	F	A	O	A	M	G	B
S	F	U	R	M	N	P	N	B
O	A	R	E	Z	D	O	C	I
P	I	O	G	G	I	A	A	A
F	U	L	M	I	N	E	O	P
N	U	V	O	L	E	L	M	E
A	R	U	G	I	A	D	A	R

Lösung

B	U	L	O	E	**G**	**L**	S	**N**
T	**E**	**M**	**P**	**O**	**R**	**A**	**L**	**E**
R	**A**	**F**	**A**	O	**A**	**M**	G	**B**
S	F	U	R	M	**N**	**P**	N	**B**
O	A	R	E	Z	**D**	**O**	C	**I**
P	**I**	**O**	**G**	**G**	**I**	**A**	A	A
F	**U**	**L**	**M**	**I**	**N**	**E**	O	P
N	**U**	**V**	**O**	**L**	**E**	L	M	E
A	**R**	**U**	**G**	**I**	**A**	**D**	**A**	R

Erinnern Sie sich noch? Nach **QUALCHE** verwendet man IMMER den SINGULAR!

Nel cielo c'è ancora qualche nuvola.
Ha qualche cosa di particolare.

EINES PASST NICHT!

1.	alba	tramonto	rosso	aurora
2.	trota	uccello	branzino	orata
3.	burro	caffè	latte	panna
4.	melo	pero	giardino	pino
5.	lavoro	teatro	museo	cinema

Lösung

1. alba tramonto ~~rosso~~ aurora
2. trota ~~uccello~~ branzino orata
3. burro ~~caffè~~ latte panna
4. melo pero ~~giardino~~ pino
5. ~~lavoro~~ teatro museo cinema

Wenn es keinen Smog gibt, dann sollten diese Sprichwörter helfen, um das Wetter von morgen zu bestimmen:

Rosso di sera bel tempo si spera. -
Abendrot, Schönwetterbot.
Rosso di mattina pioggia si avvicina. -
Morgenrot, Regen droht.

FALSCHE FREUNDE

brut lor to ma ti do

ta sa fir na dit

men can

1.

2.

3.

4.

5.

6.

Lösung

brutto
lordo
ditta
firma
mensa
cantina

Es gibt italienische Wörter, die ähnlich wie deutsche Wörter klingen, aber eine komplett andere Bedeutung haben. Da können schon mal lustige Missverständnisse entstehen. Lernen Sie die sogenannten „falschen Freunde“! Nur so können Sie vermeiden, jemanden in der Mittagspause **in cantina** *in den Keller* einzuladen.

patente – *Führerschein*
brevetto – *Patent*
dirigente – *Leitender Angestellter*
direttore d'orchestra – *Dirigent*

1. Che cosa facciamo questo fine settimana?

C	T	A
A	M	M
A	N	I

Se c'è bel tempo, possiamo fare una ________ in montagna.

2. A che ora partiamo?

M	A	N
A	T	T
I	T	A

In ________.

Dopo aver fatto colazione.

3. Ricordati di far benzina perché la macchina è in riserva.

N	O	I
Z	B	I
A	N	E

Ok. Quando vado al supermercato passo anche dal ________.

Lösung

1. Se c'è bel tempo, possiamo fare una camminata in montagna.
2. In mattinata. Dopo aver fatto colazione.
3. Ok. Quando vado al supermercato passo anche dal benzinaio.

Wie verwendet man **quando** und **se**? Es ist ganz einfach:

Quando heißt *wenn*, *sobald* und wird benutzt für zukünftige, sicher eintretende Ereignisse:
Quando vado in libreria compro un fumetto.

Se bedeutet *wenn*, *falls* und drückt eine unsichere, hypothetische Möglichkeit aus:
Se vado in libreria compro un fumetto.

?

alto

attacco

regolare

sereno

proibire

permettere

nuvoloso

basso

irregolare

difesa

Lösung

alto	—	basso
attacco	—	difesa
regolare	—	irregolare
sereno	—	nuvoloso
proibire	—	permettere

Gegenteile

Es ist ganz einfach: einige Adjektive, die mit **r** anfangen, wie **reale**, **responsabile**, **razionale**, bilden ihr Gegenteil durch die Vorsilbe **ir-**:

irreale, **irresponsabile**, **irrazionale**.

WORTWIRBEL

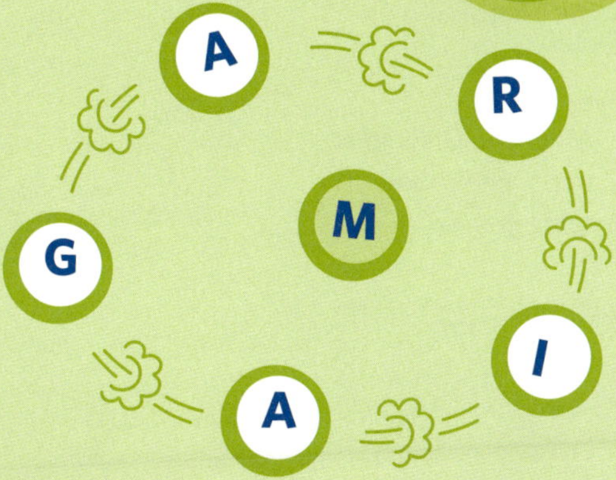

magari,

Gibt es das Wort wirklich? Schauen Sie nach unter **www.pons.eu**!

Lösung

Mögliche Lösungen:
mira, ama, grami,
rami, grama, ...

Magari! Die Italiener benutzen dieses Wort sehr oft.
Es bedeutet oft *schön wär's*: **È tua quella macchina? – Magari!**
Es kann auch *vielleicht* bedeuten. In diesem Fall drückt es einen Wunsch aus:
Magari ci vediamo dopo.

GÜTESIEGEL

?

pro de o ga ta no

ti ri mi gi

cia na ne dot con

tà zio trol ne la

to spe li ran ta

1. ______________________

2. ______________________

3. ______________________

4. ______________________

5. ______________________

6. ______________________

Lösung

denominazione
origine
controllata
prodotto
specialità
garantita

Die italienische Küche ist weltweit bekannt und wird sehr geschätzt. Sie ist sehr ursprünglich, schnell und frisch. Mit wenigen Zutaten und ohne viel Schnickschnack kann man leckere Gerichte zubereiten. Beim Einkaufen finden wir viele Abkürzungen, die etwas über die Herkunft der Produkte sagen. Kennen Sie alle?

dop **d**enominazione di **o**rigine **p**rotetta
igp **i**ndicazione **g**eografica **p**rotetta
igt **i**ndicazione **g**eografica **t**ipica
stg **s**pecialità **t**radizionale **g**arantita

1. Sai quante regioni ci sono in Italia? Certo

   sono v○○○i.

2. In che regione scorre il Tevere?

   Nel L○○○o.

3. Hai visto i Trulli di Alberobello?

   Sì, sono in P○○○○a.

4. L'isola più a sud dell'Italia è la

   S○○○○○a.

5. L'università più antica si trova a Bologna in

   E○○○○a R○○○○○a.

Lösung

1. venti
2. Lazio
3. Puglia
4. Sicilia
5. Emilia Romagna

Der Name **Giuseppe Garibaldi** (1807-1882) kommt Ihnen sicher bekannt vor: Alle Städte in Italien haben ihm eine **piazza** oder **via** gewidmet – piazza Garibaldi, corso Garibaldi, etc. Am **17. März 1861** gelang Giuseppe Garibaldi die Vereinigung Italiens, damals noch mit der Hauptstadt Turin. Rom wurde erst 1870 erobert und ein Jahr später zur Hauptstadt des Landes erklärt.

?

1. Sai chi ha scritto la Divina Commedia?

A	I	E
L	G	H
I	R	I

Sì, certo, è stato Dante ____________ .

2. Sai chi ha contribuito all'unificazione dell'Italia?

G	A	R
I	D	L
I	B	A

Sì. È stato Giuseppe ____________ .

3. Sai chi canta la canzone "Penso positivo"?

T	O	I
N	J	O
A	V	T

Ma certo.

È ____________ , nome d'arte di Lorenzo Cherubini.

Lösung

1. Sì, certo, è stato Dante Alighieri.
2. Sì. È stato Giuseppe Garibaldi.
3. Ma certo. È Jovanotti, nome d'arte di Lorenzo Cherubini.

Italienisch stammt vom Lateinischen ab. Latein war die Gelehrtensprache, das Volk hat in jeder Region seinen eigenen Dialekt des Vulgärlateins gesprochen. Im 13. Jahrhundert prägten Schriftsteller wie Petrarca, Boccaccio und **Alighieri** die Weiterentwicklung des Italienischen und schafften es, die Differenzen der verschiedenen Dialekte zu überwinden. **Dante Alighieri** (1265-1321) verwendete in seinen Werken eine Variante des Toskanischen und war damit besonders einflussreich.

WORTWIRBEL

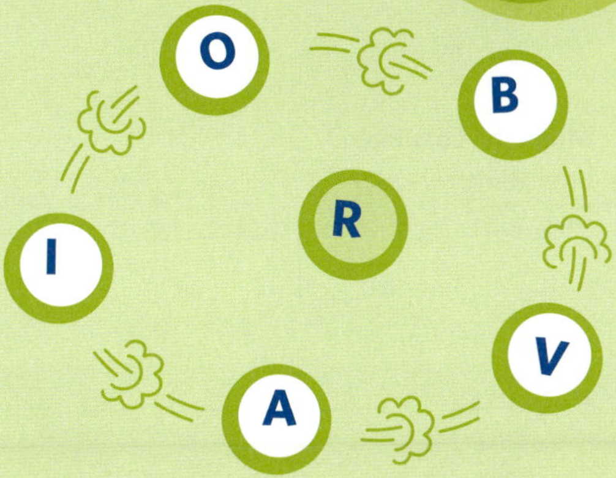

bravo,

Gibt es das Wort wirklich? Schauen Sie nach unter **www.pons.eu**!

Lösung

Mögliche Lösungen:
bravi, biro, riva,
rovi, ...

Bravissimi! Complimenti!

Sie haben es geschafft, alle **cruciverba** *Kreuzworträtsel*, **anagrammi**, **rebus**, etc. zu lösen.

PONS
Mini-Wörterbuch
ITALIENISCH
Schnell das Richtige nachschlagen